Usborne Farmyard Tales

First French Words Sticker Book

Heather Amery

Illustrated by Stephen Cartwright

Edited by Jenny Tyler and Mairi Mackinnon

Designed by Helen Wood and Joe Pedley
Additional designs by Karen Tomlins

French language consultant: Lorraine Beurton-Sharpe

To listen to all the French words in this book read by a French person, go to the Usborne Quicklinks Website at www.usborne-quicklinks.com and type in the keywords "first french words". Always follow the safety rules on the Usborne Quicklinks Website when you are using the internet.

There is a little yellow duck to find on every double page.

Voici la ferme des Pommiers.

This is Apple Tree Farm.

Mr. and Mrs. Boot live here with their two children, Poppy and Sam.

They have a dog called Rusty, and a cat called Whiskers.

Ted drives the tractor and helps look after all the animals on the farm.

Monsieur Boot

Madame Boot

Ted

Poppy

Rusty

Sam

Whiskers

Woolly

Curly

le mouton

la chèvre

l'oie

Les animaux de la ferme

Farm animals

l'âne

le chat

le chien

la souris

le canard

l'agneau

le cheval

la vache

l'oiseau

le veau

le cochon

le caneton

le petit cochon

la maison la voiture la fenêtre le vélo

Voici la maison de Poppy et Sam.

This is Poppy and Sam's house.

la montgolfière

le toit

la porte

la palissade
la cheminée
le portillon
le nuage

le poisson

la mare

le bateau

le pont

la tente

le chemin

la grenouille

la rivière

l'épouvantail

le lapin

Au bord de la rivière

By the stream

la meule de foin

le chapeau les sandales le tee-shirt la culotte

les chaussettes

Madame Boot étend le linge.

Mrs. Boot is hanging out the washing.

le caleçon

les chaussures

le sweat-shirt

la robe

la chemise

la chemise de nuit

le jean

la pomme   la chenille   la balançoire   le renard

Poppy aide madame Boot à cueillir les pommes.

Poppy is helping Mrs. Boot pick the apples.

l'échelle

l'arbre

la feuille
le papillon
l'abeille
le scarabée
la fleur
l'escargot

le poulailler

le panier

le ver de terre

l'œuf

l'écuelle

la pelle

Sam nourrit les poules.

Sam is feeding the hens.

la brouette

la paille

la plume

le poussin

la poule

le seau

le tracteur

le tournevis

le siège

Ted répare le tracteur.

Ted is mending the tractor.

la boîte à outils

la corde

la pomme
apple

l'oreiller
pillow

le château de sable
sandcastle

le
ver de terre
earthworm

les tomates
tomatoes

la poire
pear

le nuage
cloud

la serviette
towel

la fenêtre
window

la maison
house

l'arbre
tree

le pain
bread

les oignons
onions

les prunes
plums

le canard
duck

le livre
book

la vache
cow

la glace
ice cream

la brosse
brush

le cheval
horse

la fleur
flower

la tête
head

le lecteur DVD
DVD player

le poussin
chick

les fraises
strawberries

le store
blind

le vélo
bicycle

le panier
basket

le CD
CD

le veau
calf

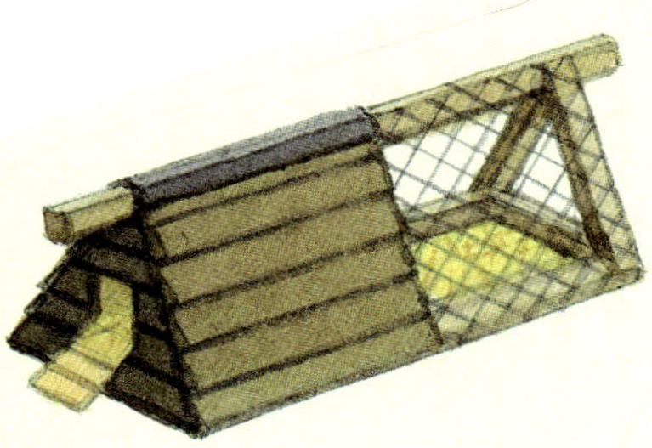

le poulailler
hen house

les pommes de terre
potatoes

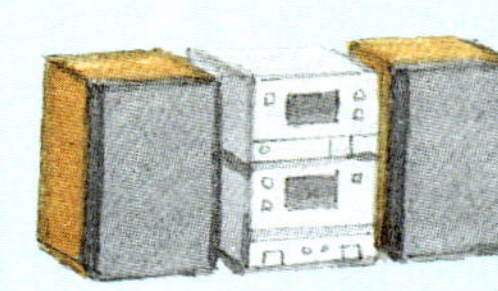

la chaîne stéréo
stereo

le savon
soap

la chenille
caterpillar

l'appareil photo
camera

les cheveux
hair

la meule de foin

haystack

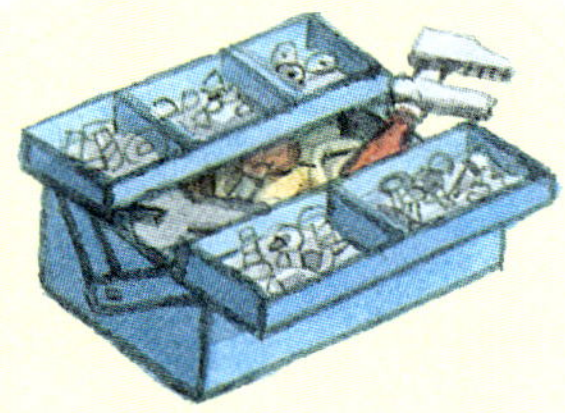

la boîte à outils

toolbox

les toilettes

toilet

le chocolat

chocolate

la chemise de nuit

nightshirt

noir

black

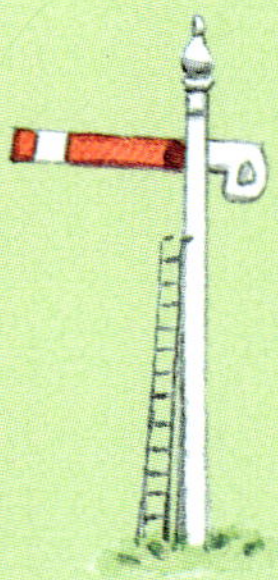

le signal

signal

le coquillage

shell

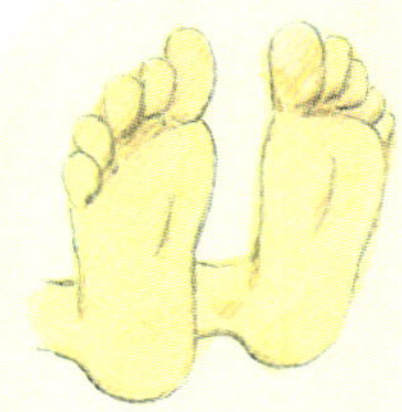

les pieds

feet

le papillon

butterfly

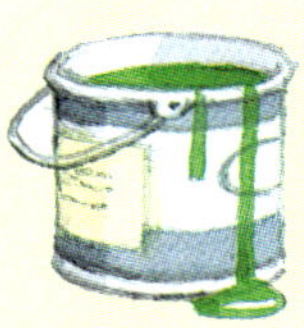

la peinture

paint

la lampe

lamp

le jean

jeans

jaune

yellow

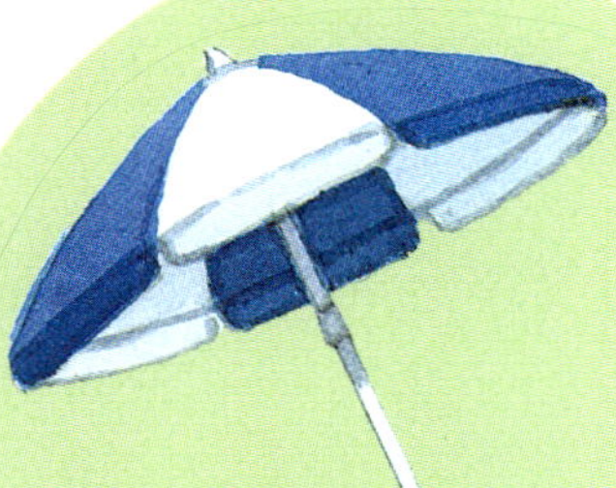

le parasol

umbrella

la corde

rope

le charbon

coal

le lapin

rabbit

la rivière
stream

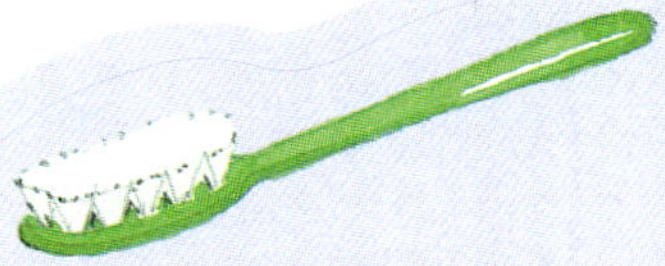

la brosse à dents
toothbrush

la 
casquette
cap

l'assiette
plate

le renard
fox

la souris
mouse

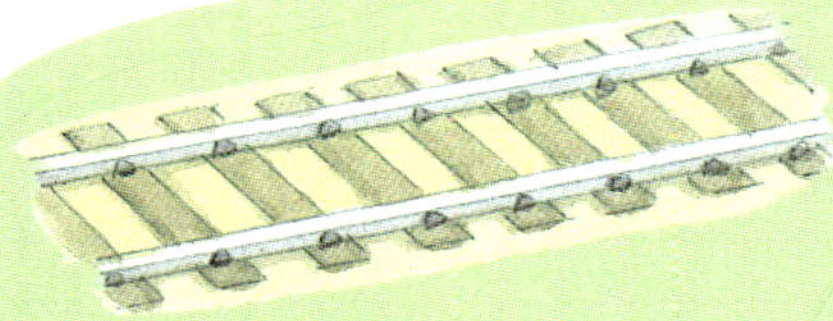

les rails
tracks

le marteau
hammer

un/une
one

la grenouille
frog

l'épouvantail
scarecrow

le tee-shirt
T-shirt

la feuille
leaf

la main
hand

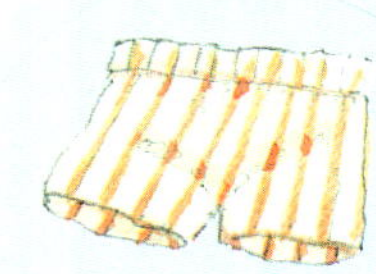

le caleçon
shorts

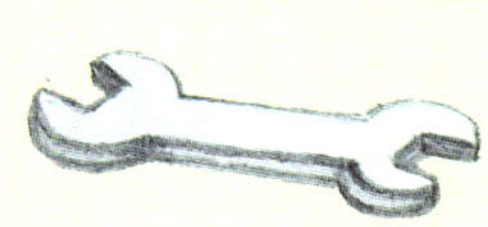

la clé plate
spanner

l'orange
orange

la chemise
shirt

la tasse
cup

le lit
bed

le chat
cat

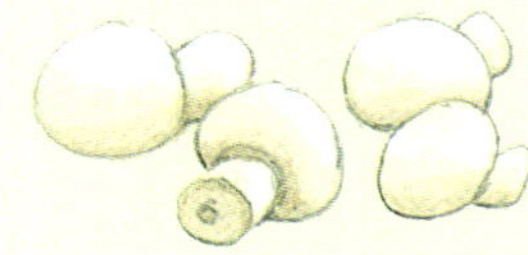

les champignons
mushrooms

le mouton
sheep

l'ordinateur
computer

le fromage
cheese

le stylo
pen

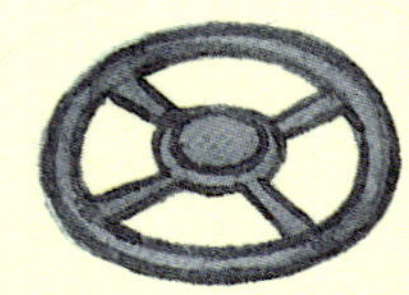

le volant
steering wheel

rouge
red

l'oiseau
bird

la bouteille
bottle

le pont
bridge

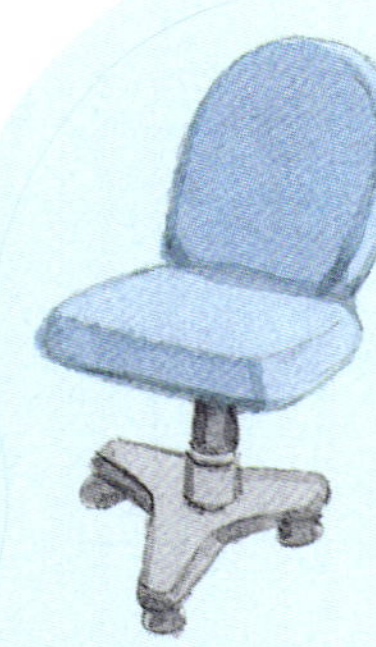

la chaise
chair

le seau
bucket

la carotte
carrot

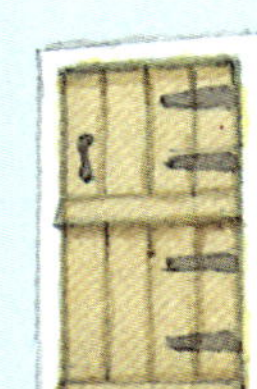

la porte
door

l'agneau
lamb

deux
two

le lavabo
basin

les cerises
cherries

violet
purple

le jus de fruits
fruit juice

la pelle
spade

la pendule
clock

la voiture
car

la mare
pond

la poule
hen

la photo
photo

le tracteur
tractor

le siège
seat

le bateau
boat

le journal
newspaper

le sandwich
sandwich

le peigne
comb

le cochon
pig

le toit
roof

le chou
cabbage

la locomotive
engine

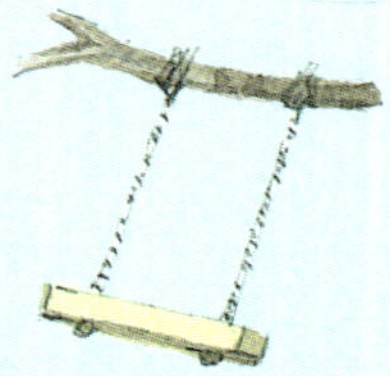

la balançoire
swing

le crabe
crab

l'abeille
bee

le scarabée
beetle

la montgolfière
hot air balloon

la poupée
doll

le chou-fleur
cauliflower

cinq
five

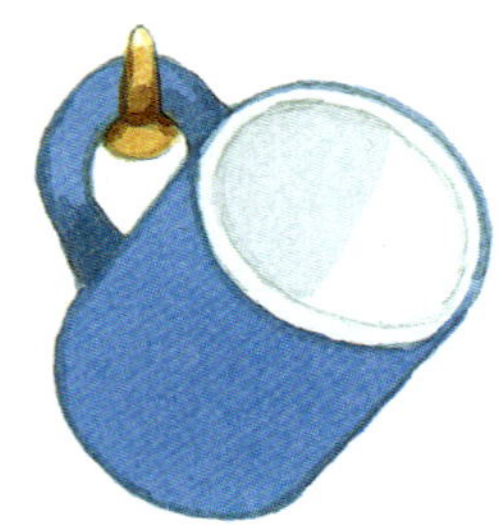

bleu
blue

les chaussons
slippers

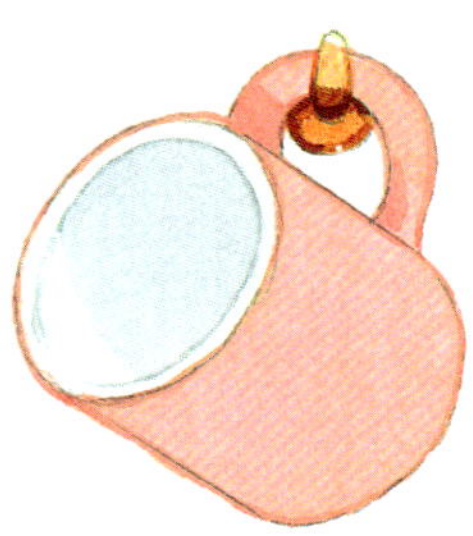

rose
pink

la chèvre
goat

les sandales
sandals

les chaussettes
socks

la salade
lettuce

l'échelle
ladder

le contrôleur
guard

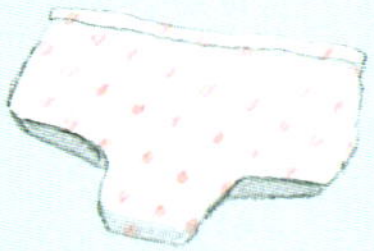

la culotte
pants

le miroir
mirror

l'oie
goose

le wagon
carriage

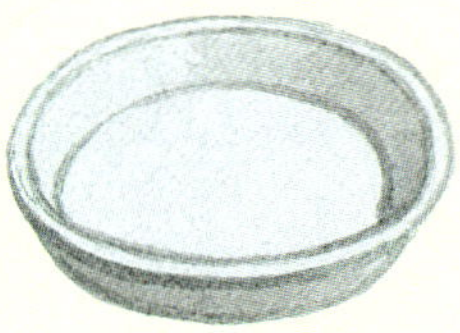

l'écuelle
dish

les haricots
beans

le ballon
ball

la cheminée
chimney

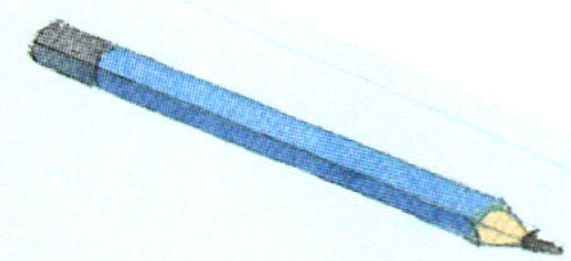

le crayon
pencil

la plume
feather

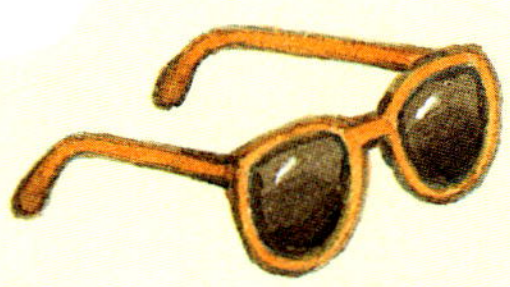

les lunettes de soleil
sunglasses

l'âne
donkey

l'œuf
egg

le nounours
teddy bear

trois
three

le chapeau
hat

les brassards
armbands

marron
brown

l'escargot
snail

la radio
radio

la brouette
wheelbarrow

le yaourt
yogurt

le sac
sack

les chaussures
shoes

orange
orange

la paille
straw

la tente
tent

le sweat-shirt
sweatshirt

vert
green

le drapeau
flag

la couverture
rug

le téléphone
telephone

blanc
white

le tableau
picture

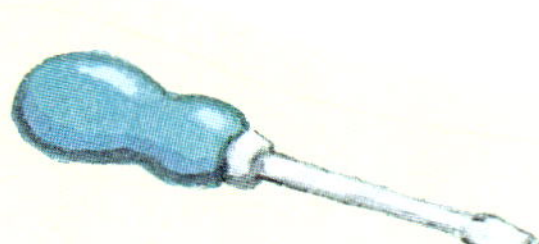

le tournevis
screwdriver

le gâteau
cake

la télévision
television

quatre
four

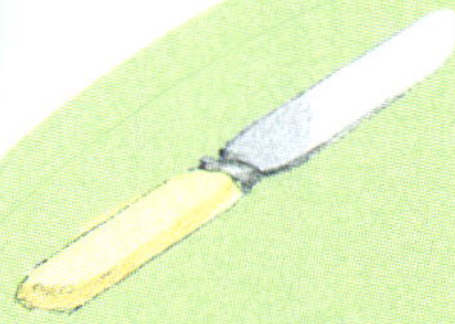

le couteau
knife

la remorque
trailer

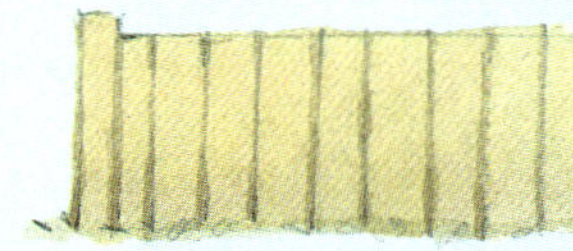

la palissade
fence

le poisson
fish

le caneton
duckling

le petit cochon
piglet

la fourchette
fork

le raisin
grapes

le chien
dog

le concombre
cucumber

les petits pois
peas

le chemin
path

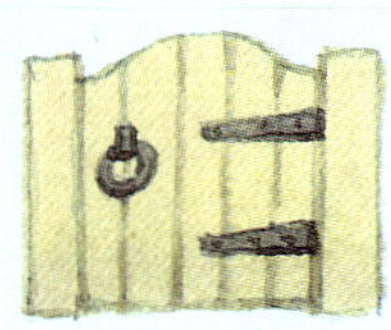

le portillon
gate

la robe
dress

la table
table

le mécanicien
driver

la banane
banana

la peinture

la remorque

le volant

la clé plate

le marteau

le sac

la locomotive

les rails

le signal

le charbon

la lampe

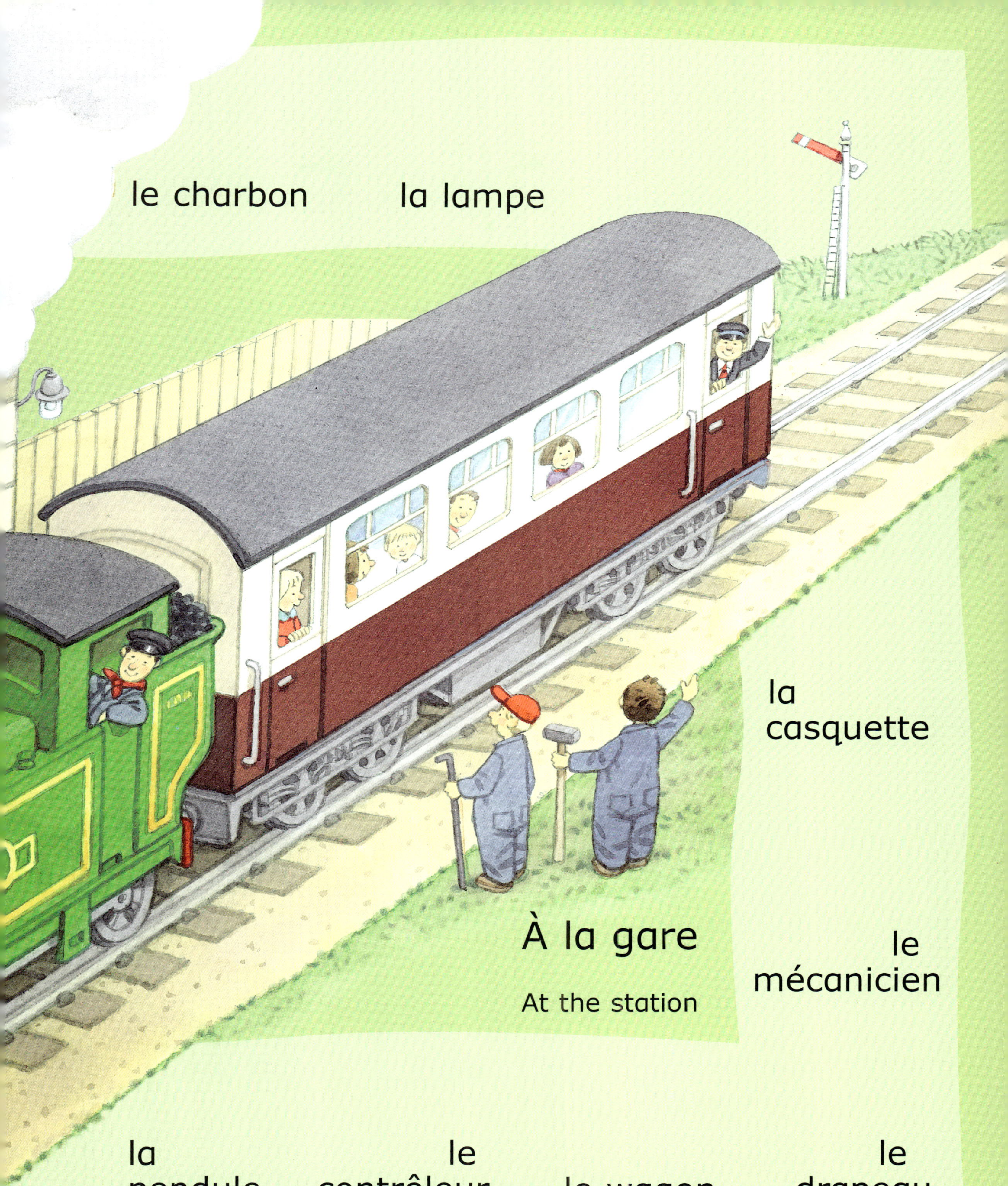

la casquette

À la gare

At the station

le mécanicien

la pendule

le contrôleur

le wagon

le drapeau

Poppy et Sam sont à la plage.

Poppy and Sam are at the beach.

la glace

la tête

le coquillage

la main

les pieds

les lunettes de soleil

les brassards

le château de sable

le crabe

la serviette

les cheveux

le ballon

Madame Boot, Poppy et Sam vendent des fruits et légumes.

Mrs. Boot, Poppy and Sam are selling fruit and vegetables.

le raisin

les champignons

les petits pois

les tomates

le concombre

les fraises

la poire les cerises les prunes le chou

les pommes de terre

le chou-fleur

les haricots

les oignons la carotte la salade

la couverture

le chocolat

l'orange

Poppy et Sam font un pique-nique.

Poppy and Sam are having a picnic.

le gâteau

le couteau

le yaourt

le parasol

le pain

la banane

le sandwich

l'assiette

la bouteille

le fromage

la fourchette

la tasse

le jus
de fruits

l'ordinateur le téléphone le journal la photo

le crayon

le lecteur DVD

Poppy lit un livre et Sam joue avec son ordinateur.

Poppy is reading a book and Sam is playing on his computer.

la radio

le tableau

la télévision

l’appareil photo

la table

le stylo

le CD

la chaîne stéréo

la chaise

le lit

le lavabo

l’oreiller

la brosse
à dents

le livre

le
nounours

la
poupée

la brosse

le store

le miroir

C'est l'heure d'aller au lit.

It's time for bed.

les chaussons

le savon

le peigne

les toilettes

Word list

l'abeille
l'agneau
l'âne
l'appareil photo
l'arbre
l'assiette
la balançoire
le ballon
la banane
le bateau
blanc
bleu
la boîte à outils
la bouteille
les brassards
la brosse
la brosse à dents
la brouette
le caleçon
le canard
le caneton
la carotte
la casquette
le CD
les cerises
la chaîne stéréo
la chaise
les champignons
le chapeau
le charbon
le chat
le château de sable
les chaussettes
les chaussons
les chaussures
le chemin
la cheminée
la chemise
la chemise de nuit
la chenille
le cheval
les cheveux
la chèvre
le chien
le chocolat
le chou
le chou-fleur
cinq
la clé plate
le cochon
le concombre
le contrôleur
le coquillage
la corde
le couteau
la couverture
le crabe
le crayon
la culotte
Curly
deux
le drapeau
l'échelle
l'écuelle
l'épouvantail
l'escargot
la fenêtre
la feuille
la fleur
la fourchette
les fraises
le fromage
le gâteau
la glace
la grenouille
les haricots
jaune
le jean
le journal
le jus de fruits
la lampe
le lapin
le lavabo
le lecteur DVD
le lit
le livre
la locomotive
les lunettes de soleil
Madame Boot
la main
la maison
la mare
marron
le marteau
le mécanicien
la meule de foin
le miroir
Monsieur Boot
la montgolfière
le mouton
noir

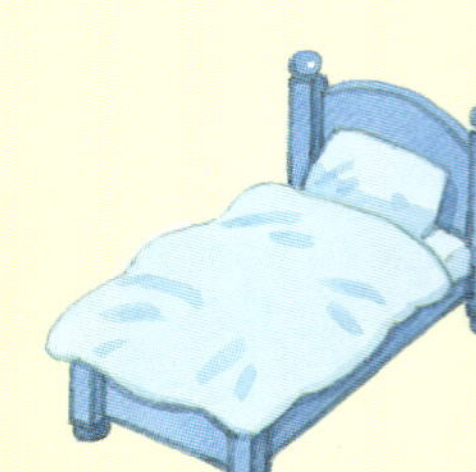

le nounours
le nuage
l'œuf
l'oie
les oignons
l'oiseau
l'orange
l'ordinateur
l'oreiller
la paille
le pain
la palissade
le panier
le papillon
le parasol
le peigne
la peinture
la pelle
la pendule
le petit cochon
les petits pois
la photo
les pieds
la plume
la poire
le poisson
la pomme
les pommes de terre
le pont
Poppy
la porte
le portillon
le poulailler
la poule
la poupée
le poussin
les prunes
quatre
la radio
les rails
le raisin
la remorque
le renard
la rivière
la robe
rose
rouge
Rusty
le sac
la salade
Sam
les sandales
le sandwich
le savon
le scarabée
le seau
la serviette
le siège
le signal
la souris
le store
le stylo
le sweat-shirt
la table
le tableau
la tasse
Ted
le tee-shirt
le téléphone
la télévision
la tente
la tête
les toilettes
le toit
les tomates
le tournevis
le tracteur
trois
un/une
la vache
le veau
le vélo
le ver de terre
vert
violet
la voiture
le volant
le wagon
Whiskers
Woolly
le yaourt

Can you find a word to match each picture?

  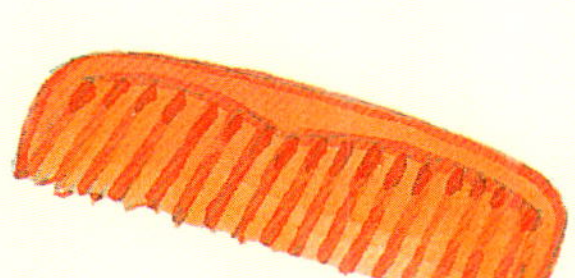   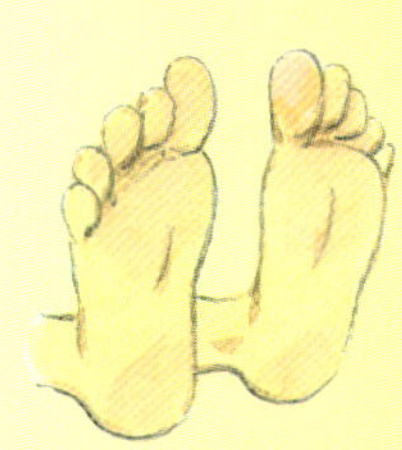

Les couleurs Colours

rose rouge orange marron jaune

vert bleu violet blanc noir

Les chiffres

Numbers

un/une

deux

trois

quatre

cinq

This edition first published in 2008 by Usborne Publishing Ltd, Usborne House, 83-85 Saffron Hill, London EC1N 8RT, England. www.usborne.com Printed in Malaysia.